LES VILLEROY

LES

VILLEROY

PAR

M. HENRY MORIN-PONS

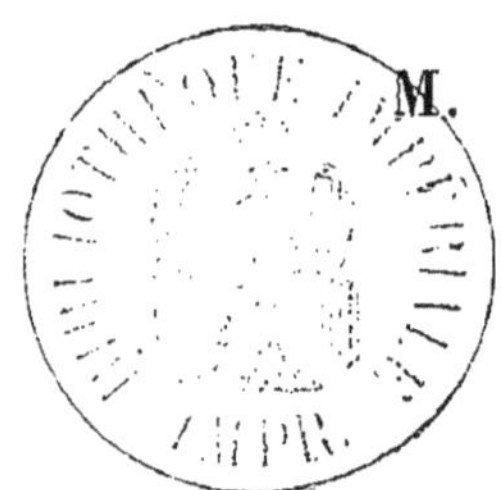

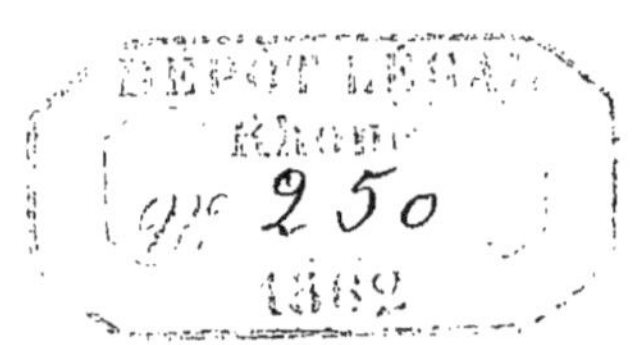

LYON

IMPRIMERIE D'AIMÉ VINGTRINIER

RUE DE LA BELLE-CORDIÈRE, 14.

1862

LES VILLEROY

Discours de réception à l'Académie impériale des sciences, belles-lettres et arts de Lyon.

Lu dans la séance publique du 21 décembre 1861.

MESSIEURS,

Je voudrais me montrer digne de l'honneur périlleux qui m'échoit aujourd'hui. Vous m'invitez à prendre la parole devant un auditoire d'élite, toujours pressé de répondre à votre appel. Mais je ne saurais, Messieurs, dissimuler l'émotion bien naturelle que m'impose une tâche aussi difficile. Comment mériter votre attention, et ne pas rester trop au-dessous du rôle qui m'est assigné? Humble investigateur des annales archéologiques de notre chère patrie, je ne sais que glaner dans les champs arides de la numismatique. Je n'ai jamais appelé à mon secours que des monnaies, des médailles, des parchemins: matériaux utiles peut-être pour préparer les voies à un explorateur plus habile dans l'art de condenser les faits et d'en extraire la substance, monuments dignes de respect et d'intérêt, preuves irrécusables de l'histoire, mais auxquels je demanderais en vain cette éloquence qui seule a le don de plaire ou d'émouvoir. Aussi, Messieurs, je n'espère qu'en votre indulgence, elle seule peut m'enhardir. En marquant ici ma place, vous voudrez bien ne pas trop vous rappeler l'homme distingué qui a si longtemps pris part à vos travaux et auquel je succède aujourd'hui. Je n'apporte au milieu de vous ni cette solide érudition, ni cette plume élégante qui la faisait si bien valoir, ni enfin cet esprit aimable et disert, qui rendait le commerce de M. d'Aigueperse si agréable. Certes, il a fallu que je fusse pénétré de votre bienveillance pour solliciter l'honneur de faire, après lui, partie de votre assemblée. Mais, Messieurs, en m'accordant le titre auquel mes premiers essais me donnaient si peu de droits, vous ne m'avez pas caché que ce qui est pour d'autres une récompense, ne doit être à mes yeux qu'un encouragement, un appel obligatoire à d'autres travaux moins incomplets.

Aujourd'hui, Messieurs, permettez-moi de commencer avec vous une nouvelle série de recherches relatives à notre cité lyonnaise, et de vous soumettre quelques pages d'un recueil où prendront successivement place les grandes maisons qui ont figuré dans l'histoire de notre province. Les annales des familles ont leurs enseignements comme celles des peuples; les mêmes causes qui aboutissent à la gloire ou à la décadence des uns, font aussi l'élévation ou la ruine des autres. N'oublions pas ce point de vue; c'est par là que ce genre d'études peut devenir fécond. Nous ne sommes plus au temps où tout un public se passionnait pour des problèmes généalogiques. Ce n'est pas que cette nature de fouilles soit abandonnée; il semble au contraire depuis quelques années qu'elle reprenne une faveur singulière. Mais il ne s'agit plus maintenant de flatter la vanité de familles qui pour la plupart sont éteintes; rendre à chacun la place qui lui est due dans l'histoire, voilà le seul but auquel nous devions tendre.

J'ai l'intention, Messieurs, de vous entretenir d'un nom qui a joué à Lyon un grand rôle dans les deux siècles qui ont précédé 1789; ce nom, c'est celui des Neufville de Villeroy. Il doit, Messieurs, vous être familier, il se rattache à vos origines. Aujourd'hui que vos statuts m'imposent l'obligation de parler devant une nombreuse et brillante assemblée, je ne peux oublier que la première séance publique de votre Académie eut lieu le 12 décembre 1724, au palais archiépiscopal où siégeait alors un des Villeroy. La qualité de protecteur et de chef de votre corporation, leur a appartenu jusqu'à la révolution française. Ces souvenirs ont leur prix, mais ils s'effacent devant l'importance du rang que cette famille a occupé dans les conseils de nos rois et dans l'administration de cette province. Les Villeroy ont en quelque sorte régné sur Lyon. Le gouvernement de notre cité était pour eux un apanage héréditaire. D'où leur est venue cette étrange fortune? Quel usage en ont-ils fait? C'est ce que nous allons essayer d'examiner.

Leur origine était des plus modestes; c'étaient, avant le seizième siècle, de bons bourgeois de Paris, enrichis par le négoce et qui commençaient à s'élever par l'exercice de certaines charges municipales. Plus tard, au temps de leur grandeur, des complaisants ont essayé pour eux, comme pour Colbert, comme pour tant d'autres, de supposer une extraction chevaleresque en les faisant venir de Flandres ou de Bretagne, je ne sais à quelle occasion. Ces prétentions n'avaient aucun fondement, et d'après une tradition confirmée par les révélations plus explicites du chevalier de Courcelles, les Neufville se seraient fait connaître à Paris dès le quatorzième siècle, non comme grands seigneurs assurément, mais comme marchands de poissons de mer. Il faut que ce commerce de marée ait été lucratif pour qu'on le voie se perpétuer dans la famille pendant quatre générations consécutives. Mais avec la fortune, la position des Neufville ne tarde pas à s'accroître, et déjà ils comptent dans leur sein un receveur de Paris, un greffier de la Cour des comptes, un échevin. Enfin nous arrivons à Nicolas, seigneur de l'Equipée, près Beauvais; nommé secrétaire du roi en 1507, des finances en 1514, il est le premier de sa race qui ait pénétré dans les conseils de la maison de France. Par son mariage avec Geneviève Le Gendre, il fit entrer les seigneuries de Villeroy et d'Halincourt dans sa famille qui devait en retenir les noms. Son fils, appelé Nicolas comme lui, fut admis de bonne heure dans le conseil royal, et ne se distingua pas moins dans les finances que dans ses missions diplomatiques (1). Ce fut lui qui échangea contre la terre de Chanteloup le domaine des Tuileries sur lequel devait s'élever le palais de nos rois. Plus tard, il fut trésorier de l'ordre de Saint-Michel et administrateur de l'Hôtel-Dieu de Paris, et mourut après 1553, laissant une maison florissante et bien montée apparemment, car de bonne heure Nicolas de Neufville avait eu ses pages, et l'un de ces pages, Messieurs, fut Clément Marot. En 1538, se trouvant à Lyon où il avait suivi le roi, le poète de Cahors qui conservait le meilleur souvenir de ses relations avec son ancien maître, lui dédia *le Temple de Cupido*, une œuvre de sa jeunesse, qu'il avait placée dans l'origine sous le patronage de François Ier. Vous me permettrez, Messieurs, de rapporter ici les quelques lignes de cette dédicace; cet hommage littéraire ne vaut-il pas pour les Villeroy bien des titres féodaux?

A Messire Nicolas de Neufville, chevalier, seigneur de Villeroy, Clément Marot, salut:

« En revoyant les escrits de ma jeunesse, pour les remettre plus clers que devant en lumière, il m'est entré en mémoire que estant encores Page, et à toy très-honoré seigneur, je composay par ton commandement la Queste de ferme amour, laquelle je trouvay au meilleur endroit du temple de Cupido,

(1) Voy. les *Mémoires de Sully*, édition de 1778, t. VIII, p. 236 et 237.

en le visitant, comme l'aage lors le requeroit. C'est bien raison doncques, que l'œuvre soit à toi dédiée, qui la commandas, à toy mon premier maistre, et celuy seul (hors mis les Princes) que jamais je servi. Soit doncques consacré ce petit livre à ta prudence, noble Seigneur de Neufville, afin qu'en récompence de certain temps que Marot a vescu avecques toy en ceste vie, tu vives ça bas après la mort avecques lui, tant que ses œuvres dureront. »

A la génération suivante, nous voyons les Villeroy grandir avec Nicolas, troisième du nom, qui fut prévôt des marchands, chevalier de Saint-Michel, gouverneur de Melun, Mantes et Meulant, et enfin lieutenant général en l'Ile-de-France. Mais il appartenait à son fils, également appelé Nicolas, d'être le premier des siens à prendre réellement place dans l'histoire. C'est une figure qu'on peut apprécier d'une manière différente suivant le point de vue où l'on se place, mais qui se dessine trop vigoureusement sur le tableau du seizième siècle pour qu'elle puisse rester dans l'ombre.

Né en 1543, il avait dix-huit ans lorsqu'il épousa Madeleine de l'Aubépine, fille du secrétaire d'Etat de ce nom. Bientôt après il débuta dans la carrière diplomatique et fut chargé de deux missions qu'il remplit avec une habileté supérieure à tout ce qu'on pouvait attendre d'un si jeune homme. A l'âge de vingt-quatre ans, il dut à la protection de Catherine de Médicis de succéder à son beau-père dans l'office de secrétaire d'Etat. Il fut pour Charles IX un serviteur dévoué, presque un ami. On trouve une preuve de cette royale intimité dans le livre de la Vénerie que Villeroy écrivit sous la dictée de son jeune maître. Ces liens expliquent, mais ne justifient pas l'hommage qu'il rendit plus tard au souvenir de ce roi son bienfaiteur. Comment a-t-il pu dire que « la France et la chrétienté ne devaient pas être privées si tôt de la vertu, présence et assistance d'un prince si magnanime, équitable et bon, tant obéi, honoré et aymé de tous ses serviteurs qu'il n'y a que la seule mort qui puisse effacer de leurs cœurs sa très-heureuse et chère mémoire ». Ces quelques lignes nous donnent la mesure de l'esprit de parti qui dominait dans ces temps cruels. Heureusement pour Villeroy que les fauteurs de la Saint-Barthélemy ne l'eurent point pour complice. Sa jeunesse, les soins qu'il donnait particulièrement aux affaires étrangères, le firent éloigner, dit-on, des colloques secrets où tout se tramait pour cette horrible nuit.

Après la mort de Charles IX, Villeroy, conservé dans ses fonctions par Henri III, prit une part active à toutes les affaires. Sa retenue, la souplesse de son esprit le rendaient merveilleusement propre aux négociations les plus difficiles. Ministre intelligent, c'était de plus un serviteur intègre. Son ambition semblait se reporter sur son fils unique, Charles, seigneur d'Halincourt, dont il cherchait à assurer l'avenir par un brillant mariage. Il dirigea d'abord ses vues sur l'héritière de la maison de Maure, un des plus grands partis de Bretagne, mais le duc d'Epernon fit échouer ces projets. Villeroy s'en consola bientôt par une alliance qui devait servir de marche-pied à la fortune de sa famille dans nos contrées. Marguerite de Mandelot, fille de François, gouverneur de Lyon et d'Eléonore Robertet, n'était pas aussi riche que Mademoiselle de Maure, mais il y avait lieu d'espérer que le gendre de Mandelot serait aussi son successeur. Marguerite était donc convoitée par des influences rivales, et, malgré la distance du rang, la duchesse de Mayenne n'était pas éloignée, dit-on, de la demander pour son fils d'un premier lit, le marquis de Villars. Par ce moyen, la Ligue se fût assurée, sans coup férir, de la seconde ville du royaume. Aussi Henri III favorisa-t-il les prétentions des Villeroy sur Mademoiselle de Mandelot; d'ailleurs un ardent catholicisme servait de trait d'union aux deux familles. Le mariage fut célébré le 26 février 1588, et le roi promit par écrit à d'Halincourt la survivance du gouvernement de son beau-père.

Mais la situation fut bientôt changée. Henri III, mécontent de Villeroy auquel il reprochait d'avoir sacrifié les intérêts de la cause royale dans la paix conclue avec le duc de Guise après les journées des Barricades, Henri III, dis-je, renvoya son ministère. La disgrâce de Villeroy fut bientôt suivie de la mort de M. de Mandelot. Le roi ne tint aucun compte de ses promesses; le gouvernement de Lyon fut donné au duc de Nemours, et la lieutenance de ce gouvernement enlevée à d'Halincourt; défense même lui fut faite de séjourner dans cette ville. Loin d'y obtempérer, Charles se jeta dans les bras de la Ligue. Son père, sentant la défiance de Henri III augmenter tous les jours, et se voyant même refuser la permission de sortir de France, embrassa le parti du duc de Mayenne, et entra dans Paris le 18 mars 1589. Quelques jours plus tard, il écrivait la première partie de ses Mémoires où il ne négligeait rien pour se justifier. Les accusations les plus odieuses ne lui étaient pas épargnées; la Satyre Ménippée témoigne de leur violence. Voyez, disait-elle, « ce petit homme..., habillé à l'espagnole, et néantmoins portant la chère françoise..., sa contenance double, et son chapeau doublé, et sa gibecière quadruplée; et dessus sa teste du costé d'entre le soleil du midy et le couchant, pleuvoit une petite pluie d'or qui luy faisoit trahir son maistre, et avoit en sa main une couronne de papier, qu'il présentoit à une jeune dame bazanée (l'infante d'Espagne). *Vendidit hic auro patriam!* » Voilà une peinture saisissante, mais nous la croyons mensongère. Parmi les accusations contre lesquelles Villeroy s'est soulevé, il n'y en a pas qu'il ait repoussé avec plus d'indignation que celle d'avoir été corrompu par l'or étranger. Son langage respire une conscience honnête, et nous aimons à penser que les entraînements de sa foi, joints à la funeste initiative de son fils et aux mauvais traitements de Henri III, ont été les véritables causes de sa défection. (1) D'ailleurs on sait qu'après l'assassinat de Henri III, (1 août 1589), Villeroy, pressentant la conversion du roi de Navarre, fit tous ses efforts pour opérer une réconciliation entre les partis qui déchiraient la France ; il y travailla pendant cinq ans, avec une patience, une habileté qui lui valurent le pardon et l'estime du Béarnais. Ces cinq années remplissent la seconde partie de ses Mémoires, bien plus intéressante que la première. Henri IV, devenu réellement roi de France, s'empressa de réintégrer Villeroy dans la charge de secrétaire et ministre d'Etat. Un mot suffit pour marquer tout le prix que le monarque attachait à ses services : « Je ne scay, (2) disait-il, quelle des deux vies est plus nécessaire au bien de mon Estat, la mienne ou celle de M. de Villeroy. » Aux insinuations malveillantes de ses ennemis, ce dernier répondait que la calomnie est un démon qu'il faut dompter par le mépris. Ne trouvez-vous pas, Messieurs, un écho de ces belles paroles dans l'apostrophe foudroyante qu'un de nos plus illustres contemporains opposa sous le dernier règne aux clameurs d'une assemblée politique? Si Villeroy profita de son crédit, ce fut moins pour lui-même que pour son fils, en faveur duquel il chercha à obtenir l'exécution de la promesse anciennement souscrite par Henri III. Le succès couronna ses efforts, et, en 1608, Charles d'Halincourt remplaça Philibert de la Guiche dans le gouvernement de Lyon.

(1) Le savant historien de Henri IV, M. Poirson a longuement analysé la conduite de Villeroy, et conclut en sa faveur.

(2) Oraison funèbre sur le trespas de M. de Villeroy, faite et récitée à Lyon, le second jour de la présente année 1618 par le père Pierre Coton, de la Ce de Jésus, prédicateur ordinaire du Roy, p. 28.

Après la mort de Henri IV, Villeroy se distingua dans les conseils de Marie de Médicis ; son influence y fut souvent prépondérante, elle l'emporta même sur celle de Sully, l'illustre surintendant des finances qui représentait l'élément protestant, tandis que Villeroy, dévoué aux idées catholiques, cherchait à faire prévaloir l'alliance espagnole. La retraite de Sully permit à Villeroy de développer son thème favori, l'union avec la maison d'Autriche, et de négocier le mariage de Louis XIII. Un instant sacrifié au maréchal d'Ancre, il ne fut que plus puissant après la catastrophe du célèbre Florentin. Mais le récit de tant d'affaires importantes auxquelles l'infatigable ministre fut mêlé, demanderait une étude approfondie ; le cadre de ce discours nous permet à peine d'esquisser les traits principaux de cette longue carrière, dont cinquante-trois années furent consacrées à la chose publique. Villeroy mourut en 1617. « *O monde, que tu es trompeur*, » telles furent, dit-on, ses dernières paroles.

Son fils Charles d'Halincourt, filleul de Charles IX et de Catherine de Médicis, nous est déjà connu par son mariage avec Marguerite de Mandelot et ses débuts dans le camp de la ligue. Resté veuf de bonne heure, il épousa, en secondes noces, Jacqueline de Harlay, fille du célèbre Sancy. Avec de telles protections, d'Halincourt n'avait qu'à suivre sans effort le chemin de la fortune, et je me demande si nous devons prendre au sérieux sa devise qui offrait un palmier entouré de la légende : *Per ardua surgo*. Il faut reconnaitre du reste que d'Halincourt remplit avec distinction les missions diplomatiques qui lui furent confiées, et dont la plus importante eut pour objet le mariage de Henri IV avec Marie de Médicis. Il conserva le gouvernement de Lyon jusqu'à sa mort survenue en 1642, et fut enseveli dans l'église des Carmélites, où un riche mausolée lui fut élevé. Si j'en croyais son oraison funèbre prononcée en la chapelle des pénitents blancs par Pierre Seguin, docteur en droit, d'Halincourt ne serait pas seulement l'auteur de certaines fortifications de notre ville qui, suivant son ridicule panégyriste, faisaient honte aux jardins suspendus de Sémiramis, il devrait encore aux yeux de la postérité passer pour un grand homme et pour le bon génie des Lyonnais. Mais l'histoire n'a pas confirmé ce jugement ; elle nous le montre au contraire souple devant les grands, ennemi de nos libertés consulaires , d'ailleurs fort habile à saisir tout ce qui pouvait concourir à l'élévation de sa maison. Sous ce rapport ses espérances furent assurément dépassées par le mariage qu'il réussit à faire contracter à son fils aîné, Nicolas de Neufville. C'était le temps de la toute puissance de Lesdiguières, véritable souverain du Dauphiné. Il sembla au vieux guerrier qu'unir sa famille à celle des Villeroy était un moyen de reculer les limites de son gouvernement, et que les Neufville, profondément flattés d'une pareille alliance, n'auraient jamais assez de déférence pour un tel voisin devenu leur parent. D'ailleurs, le jeune Nicolas était homme de bonne mine ; pourvu dès 1615 de la survivance du gouvernement de son père, il avait servi avec mérite dans l'armée d'Italie, sous les yeux de Lesdiguières, qui peu après lui donna sa petite fille, Madeleine de Créquy (1617). Nous ne pouvons assez insister sur les conséquences de ce mariage qui changeait en quelque sorte le milieu des Villeroy et les reliait à ce que la noblesse militaire avait de plus éclatant.

Dès lors, Lyon devenait un théâtre trop étroit pour leur ambition. Nicolas qui avait succédé à son père dans le gouvernement de notre province, y séjourna fort peu. Il se reposa des soins de cette administration sur son frère Camille, d'abord abbé d'Ainay et de l'Ile-Barbe, et plus tard, en 1654, archevêque de Lyon. Tranquille à cet égard, car il ne pouvait faire un meilleur choix, Villeroy tourna ses vues du côté de la cour, où son mérite personnel, ses grandes alliances, ses campagnes déjà nombreuses lui assuraient une position distinguée. L'année 1646 lui fut doublement propice, car elle lui apporta presque simultanément la charge de gouverneur de Louis XIV et le bâton de maréchal de France. Le jeune roi conserva toujours un excellent souvenir des soins qui avaient présidé à son éducation, et l'un des premiers actes de sa majorité fut de ratifier une promesse d'Anne d'Autriche, en élevant le marquisat de Villeroy au rang de duché-pairie (septembre 1651) (1). Il n'y avait pas de faveur plus ardemment convoitée, puisqu'elle constituait à la fois des droits politiques et des honneurs de tout genre. Avant d'en être définitivement revêtu (1663), le maréchal de Villeroy était déjà depuis deux ans chef du conseil des finances; il était aussi chevalier du Saint-Esprit. Son fils avait épousé une Cossé-Brissac; sa seconde fille, dont madame de Lafayette vante l'irrésistible beauté, était mariée au comte d'Armagnac, et réalisait ainsi l'alliance de sa maison avec celle de Lorraine. Voilà une carrière brillante et propre à satisfaire les désirs les plus ambitieux!

Le maréchal de Villeroy était un de ces hommes qui savent louvoyer avec le vent contraire. Il trouva moyen de se maintenir sous Mazarin qui ne lui resta pas longtemps favorable. Saint-Simon, dont les expressions ont parfois une rudesse sauvage, le traite quelque part de grand routier de cour. Il est vrai que l'adulation ne coûtait rien au maréchal, si nous en jugeons par un mot de lui que le même auteur nous a conservé (2), et dont la crudité semble convenir au

(1) Les lettres patentes qui concernaient cette érection, furent enregistrées seulement en 1663; ce ne fut donc qu'à partir de cette époque que es Neufville furent investis de cette dignité héréditaire.

(2) Saint-Simon, édition Chéruel, t. IV, p. 286.

temps d'Aristophane beaucoup plus qu'à celui des Précieuses. Du reste, pour avoir exprimé de la sorte les principes d'un courtisan, le maréchal de Villeroy n'en savait pas moins allier à la complaisance et à la souplesse ces grandes manières dont son royal élève a toujours donné le modèle, et le même Saint-Simon, considérant l'éclat de son rang et de sa magnificence, a dit de lui qu'il fut à proprement parler le dernier seigneur de son siècle.

Si le maréchal de Villeroy se montrait rarement à Lyon, son frère Camille, à la fois archevêque et lieutenant du roi, ne quittait son diocèse que pour aller prendre les ordres de Louis XIV et lui soumettre les affaires les plus importantes de l'administration. Quoique né à Rome pendant l'ambassade de son père, Camille mérita plus que tout autre le titre de Lyonnais. Il aimait notre ville, il aimait surtout les rives charmantes de la Saône, et cherchait sous leurs ombrages le repos que ses doubles fonctions lui rendaient parfois nécessaire. Il s'attacha de bonne heure aux sites gracieux qui avoisinaient le petit bourg de Vimy dans le Franc-Lyonnais, et dès 1630 il acheta la terre et le château d'Ombreval. L'année suivante, il y adjoignit la baronnie de Montaney, et par une série d'acquisitions, il forma un domaine qui, vers la fin de 1683, lui coûtait déjà 460,749 livres, somme très-considérable pour cette époque. En 1666, des lettres patentes érigèrent ce fief en marquisat, sous le nom de Neufville qu'il a conservé. C'était dans ce château que l'archevêque se plaisait à exercer une large hospitalité envers les seigneurs du voisinage. Son salon était ouvert à tous les hommes instruits; Camille était digne de les présider. Sa riche bibliothèque qui, malgré les dilapidations des temps révolutionnaires, existe encore en grande partie, est un gage précieux de son amour pour la science. Vous savez, Messieurs, qu'il l'avait léguée au collége des Jésuites ; c'est donc à juste titre que le buste de

Camille se retrouve aujourd'hui dans la salle qui porte encore le nom de Villeroy. Du reste, par suite d'une administration d'un demi-siècle, le souvenir de Camille se rattache à tous les monuments lyonnais de son temps, notamment à l'Hôtel-de-Ville, dont il a posé la première pierre le 5 septembre **1646**.

Je serais heureux, Messieurs, de m'étendre sur cette longue carrière, si bien remplie, heureux de vous décrire l'industrie naissant à Neufville par les soins de l'archevêque, de vous citer ces diverses fabriques, ces manufactures de draps qui animèrent bientôt le modeste village devenu une petite ville prospère et reconnaissante. Ne faudrait-il pas mentionner particulièrement avec Germain Guichenon, son biographe, cette *espèce de nouvelle machine où plus de cent artisans travaillaient à préparer la soie pour la mettre en œuvre?* N'y aurait-il pas lieu de vous signaler une à une les remarquables institutions auxquelles ce digne prélat s'est associé, et parmi lesquelles figure au premier rang celle de la Conservation qui est en réalité l'origine de nos tribunaux de commerce. Mais l'un de vous, Messieurs, a si bien écrit cette vie qu'il a laissé peu de chose à glaner à ceux qui viennent après lui. Vous connaissez tous, Messieurs, la notice insérée par notre collègue, M. Péricaud, dans les *Archives historiques du Rhône.* Là vous trouverez Camille de Neufville ; vous le verrez poursuivant sans relâche la réforme de son diocèse, multipliant les fondations pieuses et les œuvres charitables, affrontant l'émeute avec cette dignité calme et imposante qui en a souvent désarmé les fureurs. Ce n'est pas toutefois qu'on ne lui ait reproché le pouvoir immense dont il a joui. Il y a peut-être quelque chose de fondé dans ce qu'on a dit du joug presque impérieux qu'il étendait sur Lyon. Ne déclarait-il pas lui-même qu'il commandait en archevêque et voulait être obéi en lieutenant du roi? Mais l'autorité absolue dans ses mains n'était pas regrettable, parce que c'étaient des mains intelligentes et fermes. Il était craint, mais il était respecté, et Massillon a pu dire de lui dans son oraison funèbre : « Je loue un homme juste et droit, simple dans le mal et prudent dans le bien. »

En 1693, Lyon tout entier lui rendit les derniers devoirs. Il y avait près de huit ans que son frère le maréchal était mort, laissant un fils déjà très-connu à la cour où malheureusement il ne borna pas ses exploits. Ce fils qui aurait bien dû se contenter du surnom de *Charmant*, ce favori des grandes dames, c'est encore un gouverneur de Lyon, c'est le trop fameux maréchal de Villeroy, le guerrier qui, au retour de ses campagnes, a été si souvent *chamarré* de chansons (l'expression est de Madame de Coulanges). Ses débuts dans le monde avaient fait sensation; sa beauté, son élégance avaient tourné plus d'une tête, mais ce n'est pas ici, chacun le comprendra, qu'il est permis de soulever le coin du voile qui recouvre ses intrigues galantes et de mettre en scène la comtesse de Soissons, la duchesse de Roquelaure, Madame de Ventadour et tant d'autres. Atteignons rapidement l'époque où il joua autre chose qu'un rôle de salon. En 1693, pour s'être distingué à Nerwinde, il obtint le bâton de maréchal de France. Remarquons en passant que Tourville, Boufflers et Catinat étaient de la même promotion. Le nom de Villeroy fait un étrange contraste avec ceux qui précèdent, mais Louis XIV était son ami, et cette amitié tenait de l'engouement. Villeroy, du reste, avait hérité de son père l'art suprême de flatter son maître ; il ne se montra jamais plus habile courtisan que pendant la campagne de Flandres (1695) où les fautes inconcevables du duc du Maine firent perdre au maréchal une victoire assurée sans que Louis XIV pût surprendre sur ses lèvres une parole d'amertume. La faveur de Villeroy était à son comble. Les bienfaits du monarque pleuvaient littéralement sur cette famille. Nous n'énumèrerons pas toutes les largesses dont cette royale amitié fut la source. Quelques passages de Saint-Simon suffisent pour nous en donner la mesure. Au voyage de Fontainebleau de 1699, le roi donna trois cent mille livres au maréchal de Villeroy à prendre en six ans sur Lyon. Au bout de ces six ans, le même don fut renouvelé. Les réflexions que ces libéralités exagérées inspirent au célèbre annaliste, méritent d'être ici consignées, car elles peignent sous des couleurs saisissantes la situation qui à cette époque était celle de notre ville : « La faveur du maréchal n'eut qu'à maintenir ce qui était établi. Il disposait donc seul de toutes les charges municipales de la ville ; il nommait le prévôt des marchands. L'intendant de Lyon n'a nulle inspection sur les revenus de la ville qui sont immenses et peu connus dans leur étendue, parce qu'ils dépendent en partie du commerce qui s'y fait, et qui est toujours un des plus grands du royaume. Le prévôt des marchands l'administre seul et n'en rend compte qu'au gouverneur tête à tête, lequel lui-même n'en rend compte à personne. Il est donc aisé de comprendre qu'avec une telle autorité c'est un Pérou, qui rend la protection du gouverneur continuellement nécessaire à tous ces gros négociants de Lyon, comme à tous les autres bourgeois de la ville, où tout depuis un si long temps dépend de la même autorité, tout est créature des gouverneurs, et rien ne se peut que par eux qui influent jusque dans les affaires particulières de toutes les familles. »

Une si grande puissance, tant de richesses et d'honneurs, ne pouvaient exister sans faire des jaloux, non pas à Lyon, où nul n'eût osé prétendre à un rôle de cette nature, mais à Paris, à Versailles, où les Villeroy trouvaient dans la haute noblesse des égaux qui, tout en les acceptant, en les recherchant même, appelaient en secret les occasions de rabattre leur orgueil.

Ces occasions étaient rares et difficiles ; le crédit du maréchal était inattaquable. Il n'y avait qu'un côté faible dans sa position. Nous aurions peine à le deviner sans le témoignage de ses contemporains. Oui, Messieurs, la naissance du maréchal était aux yeux de la cour une condition d'infériorité. Ce n'était pas assez qu'il fût par sa mère le petit-fils d'un maréchal de France, l'arrière petit-fils d'un connétable ; ce n'était pas assez que son père eût été aussi maréchal ; son aïeul gouverneur de province, ambassadeur distingué ; son bisaïeul, ministre influent et même célèbre. Il lui manquait le prestige d'une origine chevaleresque, et cet avantage, rien ne pouvait le lui donner. Nous sommes loin de ce temps, mais sous Louis XIV, le point de vue d'où se jugeaient ces questions était bien différent. Aussi, quand le troisième duc de Villeroy épousa la charmante mademoiselle de Louvois, l'archevêque de Reims, oncle de la jeune mariée, ne craignit pas de dire à sa nièce : « Vous allez être duchesse comme votre sœur aînée (femme d'un La Rochefoucault, duc de la Roche-Guyon), mais n'allez pas croire que vous soyez pareilles, car je vous avertis que votre mari ne serait pas bon pour être page de votre beau-frère. » Le duc de Gesvres fut plus amer, lui qui, au moins, acceptait franchement son origine plébéïenne, et certes il avait bien calculé la portée du trait qu'il s'apprêtait à lancer, le jour où, dans un salon de Marly plein de courtisans, il rappela si plaisamment au maréchal que ses ancêtres avaient vendu de la marée (1) ! Tout cela était puéril, avouons-le, pour un siècle qui a mérité le surnom de grand.

Mais les chances de la guerre devaient fournir aux ennemis du maréchal des armes plus sérieuses. Nous ne suivrons pas Villeroy dans les campagnes qui ont entouré sa mémoire d'une

(1) *Saint-Simon*, t. II, p. 354.

fâcheuse célébrité. Chacun sait le malheur obstiné qui le poursuivit pendant la guerre de la succession d'Espagne. L'Italie, où il fut appelé à remplacer Catinat, ne servit pas longtemps de théâtre à ses exploits ; le pauvre maréchal fut bientôt pris dans Crémone, où les Impériaux parvinrent à s'introduire au moyen d'un aqueduc abandonné. Villeroy fut, en cette occasion, plus à plaindre qu'à blâmer ; mais quatre ans après, dans la campagne de Flandres, il eut des torts impardonnables, et se croyant sûr de la victoire, voulant être le seul à en retirer les fruits, il désobéit aux instructions précises qui lui recommandaient de ne point livrer de bataille avant d'avoir opéré sa jonction avec Marsin. La défaite de Ramillies, qui entraîna la perte des Pays-Bas espagnols, fut le juste châtiment de tant de présomption. La douleur des siens fut immense. En vain cherchait-on à consoler la maréchale en lui faisant observer que son mari et son fils étaient sains et saufs. « C'est assez pour moi, répondit-elle, mais ce n'est pas assez pour eux. »

Cependant Louis XIV était encore disposé à l'indulgence. Si l'opinion publique demandait à grands cris la nomination d'un autre général, le roi était désireux de ménager l'amour-propre de son ami. Mais en cette occasion, Villeroy se montra inférieur à sa réputation d'habile courtisan; il refusa la démission qu'on lui demandait avec des formes obligeantes et polies. Cette fois Louis XIV perdit patience ; l'heure de la disgrâce était sonnée. Le maréchal, abandonné par son maître, brouillé avec Chamillart, ministre tout puissant, se vit même refuser la permission de se retirer dans son gouvernement du Lyonnais. Il passa cinq années dans la retraite, à Paris ou au château de Villeroy (1), ne faisant à Versailles et à Fon-

(1) La position de ce château, intermédiaire entre Versailles et Fontainebleau, était précieuse pour ses maîtres. C'était une station quand la

tainebleau que de rares apparitions. Mais madame de Maintenon lui restait favorable; il correspondait secrètement avec elle, observant tous les mouvements de la cour. En 1712, sa puissante protectrice saisit le moment où le roi, accablé par ses malheurs domestiques, devait naturellement retrouver avec plus de plaisir un vieux serviteur, un compagnon de son enfance. Dans cette entreprise, elle réussit au-delà de ce qu'elle pouvait espérer; le revirement fut complet. Villeroy, plus influent que jamais, commença par obtenir, pour le duc, son fils, la survivance du gouvernement de Lyon, et pour ses petits-fils, les grades qui servaient d'échelons à cet emploi. Telle était la situation de la famille lorsque le maréchal reparut à Lyon, en 1714.

C'était à l'occasion d'une émeute suscitée par des bouchers. Le maréchal aussitôt jugea sa présence nécessaire au salut de notre ville. Il arriva quand tout était fini, et n'en fut pas moins reçu comme un héros. Parmi les ovations dont il fut l'objet, il en est une qui a droit de notre part à une mention particulière; c'est d'une de vos séances qu'il s'agit,

cour se rendait de l'une de ces résidences à l'autre. Louis XIV et Louis XV y profitèrent bien des fois de l'hospitalité qui leur était offerte. Il en est souvent question dans les Mémoires des deux derniers siècles. « Le feu s'est mis à Villeroy, écrivait la célèbre comtesse de Grignan à son mari, le lundi 5 janvier 1638. La moitié d'un corps de logis en est brûlée, et de belles tapisseries. On estime cette perte à cinquante mille escus. » *Bibliothèque de l'École des Chartes*, 4e année, p. 355. « Le roi revint de Fontainebleau le 26 octobre (1702) et coucha à Villeroy, où il parut prendre part comme à sa propre maison. » *Saint-Simon*, t. IV, p. 51. — Pendant la disgrâce du maréchal, Louis XIV donna la préférence à Petit-Bourg, qui appartenait au duc d'Antin. « Villeroy est une belle et grande maison, écrivait le duc de Luynes en 1743, bien meublée, grand nombre de domestiques, tous à M. de Villeroy, très-bonne chère et un service fort aisé. » (*Mémoires*, t. V, p. 148). La bibliothèque de M. Coste possède deux vues de ce château, cataloguées sous les numéros 879 et 880.

Messieurs, c'est une page de votre histoire. Vous savez, Messieurs, qu'à côté de l'éminente corporation que vous représentez aujourd'hui, Lyon possédait alors une autre Société, dite des Beaux-Arts, plus spécialement consacrée à la peinture et à la musique et fusionnée dans la suite avec votre Académie; l'une et l'autre, nous sommes heureux de le constater, durent beaucoup aux Villeroy qui, en 1724, obtinrent de Louis XV des lettres patentes où leur existence légale était reconnue. L'Académie des Beaux-Arts, comme la nôtre, appelait le maréchal de Villeroy, son protecteur et chef; elle saisit l'occasion de son arrivée pour lui offrir certain impromptu ou divertissement en musique, qui fut chanté en sa présence, le 1er août 1714. J'avais songé un instant, Messieurs, à vous en rendre compte, mais j'avoue que ces vers ont singulièrement vieilli. Le fond n'y rachète pas la forme. D'ailleurs, je n'en finirais pas si je voulais entrer dans le détail de toutes les œuvres de ce genre. Les curieux, s'il y en a, pourront lire avec intérêt le *Retour de Pyrrhus Néoptolème en Épire, après le siége de Troie*, idylle héroïque chantée à Lyon, dans l'Académie des Beaux-Arts, le 25 mai 1718, devant monsieur le marquis d'Halincourt, le second des petits-fils du maréchal et son favori. Je leur recommande aussi le ballet représenté à la même époque devant ce jeune seigneur. Ce n'est pas seulement le goût du XVIIIe siècle pour les allégories prétentieuses qui résulte de toutes ces pièces; elles nous montrent encore que si la flatterie assiégeait les abords du trône, elle suivait aussi les grands quand ceux-ci venaient à leur tour trôner en province. Pouvait-il en être autrement à l'égard d'une famille qui concentrait dans ses mains le monopole de tout ce qui touchait à notre cité? Aussi, que d'attentions, que de petits soins de la part du consulat pour surprendre agréablement les oreilles de ses puissants protecteurs et maîtres! Naissances, mariages, décès, faveurs royales, tout ce qui intéresse les Villeroy est un événement au sein de l'échevinage. Ici c'est un compliment de nouvelle année prononcé par nos magistrats devant Madame de Villeroy, religieuse aux Carmélites (1er janvier 1717) ; là, c'est une pension octroyée par la ville (le 11 octobre 1726) au médecin qui a soigné la dernière maladie du marquis d'Halincourt ; plus loin, c'est une messe en musique pour célébrer le rétablissement de la santé du maréchal, cérémonie qui coûte douze cent cinquante livres aux finances municipales (1728). Je ne parle pas des abondantes étrennes distribuées chaque année à nos gouverneurs, à leur famille et jusqu'aux moindres de leurs domestiques ; il y avait là peut-être un usage général, mais était-ce bien au consulat à faire une rente viagère de trois cents livres à la nourrice d'un fils de M. d'Halincourt, et à déclarer que le bonheur de nos provinces « dépendait de l'espérance d'être toujours gouvernées par des seigneurs de cette maison (1) » (15 octobre 1728). Saint-Simon n'avait donc pas tort quand il s'écriait, en parlant du maréchal : Ce roi de Lyon !

Mais j'anticipe sur le cours des événements. Revenons sur nos pas. Avant la fin de cette année 1714, qui avait vu le maréchal dans nos murs, son second fils, François-Paul, simple abbé, est nommé d'emblée archevêque de Lyon ; un cortége de dettes criantes est tout ce qu'il apporte au siége de saint Pothin et de saint Irénée. Quant au maréchal, il était de retour à Versailles. Chef du Conseil des finances avec le rang de ministre d'Etat, un rôle important l'attendait. Louis XIV avait jeté les yeux sur lui pour en faire le gouverneur de son petit-fils, de son héritier. Comme s'il eût prévu l'orage qui allait fondre sur ses fils

(1) Registre des actes consulaires, B 826, aux Archives municipales.

légitimés, le vieux roi leur cherchait des appuis capables de consolider l'échafaudage de leur grandeur usurpée. Il comptait donc sur les nombreux liens qui rattachaient Villeroy au parti du duc du Maine. Cependant, après la mort de son maître, le maréchal, membre du conseil de régence, se donna plutôt des airs d'indépendance. Son esprit borné l'abusa sur sa propre valeur. Il se crut appelé à jouer un rôle par lui-même. Nourri des mémoires du cardinal de Retz, il voulait être le duc de Beaufort d'une nouvelle Fronde, et se posait en ami du parlement et des halles, affectant d'ailleurs un désintéressement théâtral. Le fait est qu'à force d'être revêtu d'emplois éminents et de s'entourer des dehors d'une supériorité factice, Villeroy avait fini par en imposer à de plus grands et à de plus habiles que lui. Le régent le combla d'avances souvent inutiles. En 1717, par exemple, quand expira certain privilége régulièrement renouvelé tous les six ans depuis 1699, et d'après lequel Lyon faisait à son gouverneur une rente annuelle de cinquante mille livres, le duc d'Orléans offrit en vain au maréchal que cette faveur lui fût continuée jusqu'à sa mort. C'eût été très-bien de la part de Villeroy s'il n'eût pas fait sonner si haut son refus, et surtout si ses pouvoirs sur les revenus de notre ville eussent été moins étendus et moins occultes. Mais ce qui rendait le maréchal particulièrement insupportable, c'étaient les précautions excessives dont il entourait la personne du roi. Si le régent avait daigné oublier les calomnies indignes que la mort prématurée du duc et de la duchesse de Bourgogne avait fait circuler, et dont le maréchal avait été un des plus ardents à se rendre l'écho, l'honneur du prince s'irritait à juste titre de la vigilance calculée avec laquelle Villeroy semblait avoir pour but de prévenir des tentatives imaginaires d'empoisonnement. Sa chute fut plus d'une fois mise en question par le régent. La corde finit par se rompre à la suite d'une violente altercation survenue entre Villeroy et le cardinal Dubois, scène bizarre qui couronna étrangement des tentatives de réconciliation poursuivies entre ces deux personnages. Dubois pressa le régent de choisir entre le maréchal ou lui. Villeroy fut arrêté le 10 août 1722, catastrophe dure pour son orgueil, mais douce en réalité, car après l'avoir exilé dans son château de Villeroy, on lui permit d'aller à Lyon exercer paisiblement ses fonctions de gouverneur. Au bout de deux ans, il reparut un instant à la cour. Soutenu par ses fils, le duc de Villeroy et l'archevêque de Lyon, le vieux maréchal se présenta devant Louis XV ; il se jeta à ses pieds et lui baisa les mains, sans que le jeune monarque daignât lui adresser une seule parole. Villeroy se résigna difficilement à comprendre que son temps était fini. Pour ne pas s'éloigner de Versailles, il établit sa résidence à Paris où il mourut enfin le 18 juillet 1730.

Tel fut le maréchal de Villeroy : adulation, vanité creuse, voilà les traits distinctifs de cette existence qui occupa trop longtemps la scène du monde français. Comme guerrier, il n'eut qu'une qualité, commune du reste à ceux de sa race et de sa caste, la bravoure ; chef du conseil des finances, il mettait souvent ses amis dans l'embarras par le spectacle trop évident de sa nullité. Cependant il faut être juste avec tout le monde, et nous devons être reconnaissants au maréchal d'avoir fait triompher les vœux du consulat pour empêcher dans notre ville l'établissement d'une banque suivant le système de Law (1). C'est aussi un titre que d'avoir toujours méprisé Dubois, et que d'être resté entièrement étranger à la fureur de l'agiotage qui fit tant de victimes sous la régence. Si j'ai cité au hasard parmi les actes de complai-

(1) Voir aux Archives municipales le registre des missives du Consulat de 1715 à 1737, f. 56 et 57.

sance que les Lyonnais multipliaient à son égard, j'ai la preuve qu'il chercha souvent à retenir leur zèle obséquieux. Il brûla peut-être moins d'encens qu'on n'en brûla pour lui. Mais l'histoire ne peut oublier les funestes conseils dont Louis XV fut redevable à son gouverneur ; elle a enregistré avec indignation les étranges doctrines que le maréchal professait sur les droits des rois vis-à-vis des peuples, et dont le jeune monarque fit comme une première application sur celui qui les lui avait trop bien inculquées. Si de là nous arrivons à l'examen de sa vie privée, nous devrons constater qu'elle est loin de racheter les fautes de l'homme politique. Enfin il n'y a pas jusqu'à l'administration de sa fortune où il ne se soit trouvé en défaut ; possesseur de biens immenses accrus par des héritages inespérés, il réussit à se ruiner par un luxe qui dépassait toute proportion, et qu'il n'aurait pu soutenir sans le secours de son fils aîné.

Je n'ai rien dit encore de ces héritages ; ils sont trop importants néanmoins pour que je puisse les passer sous silence. On se rappelle que le premier maréchal de Villeroy avait épousé une Créqui, petite-fille de Lesdiguières. La postérité masculine du maréchal de Créqui, gendre du grand connétable, s'étant éteinte par la fin presque simultanée de trois branches, la plus grande partie des biens de cette puissante maison était, à l'avénement de Louis XV, la propriété de la duchesse douairière de Lesdiguières, née de Gondy (1) dont le plus proche héritier était le maréchal

(1) La ligne masculine de Créqui-Lesdiguières s'était éteinte dès 1711, mais il y avait encore deux duchesses douairières de ce nom, l'une qui est celle dont nous venons de parler, et l'autre, née Rochechouart, veuve du dernier duc qui s'était fait désavantageusement connaître à Lyon sous le nom de comte de Canaples et que Saint-Simon a justement ridiculisé. Celle-ci, beaucoup moins riche, ne mourut qu'en 1740, et laissa encore quelques biens aux Villeroy. V. Saint-Simon, t. IX. p. 418, et le duc de Luynes, Mémoires, t. III, p. 165.

de Villeroy, puisqu'il représentait à la fois les Créqui-Lesdiguières par sa mère, et les Gondy par sa belle-mère. Cette duchesse de Lesdiguières, qui vivait dans la retraite en s'entourant d'un luxe féerique, mourut en 1716, et les Villeroy recueillirent sa brillante succession. Un moment ils avaient eu l'espoir d'en retirer plus que des richesses, c'est-à-dire une véritable souveraineté, la couronne princière de Neuchâtel. Madame de Nemours, la dernière des Longueville, n'avait pas de parents légitimes plus rapprochés que cette duchesse de Lesdiguières et, après elle, que la maréchale de Villeroy, dont le fils aîné fit deux fois le voyage de Neuchâtel pour soutenir les prétentions des Lesdiguières auxquels il était naturellement substitué. Mais les compétiteurs étaient nombreux ; les plus redoutables étaient le prince de Conti et M. de Matignon. La fin de l'histoire est bien connue, l'intervention inattendue de l'électeur de Brandebourg ayant réalisé en cette occasion la fable de l'huître et des plaideurs.

Si la biographie du maréchal nous a entraîné dans des détails presque excessifs, il y a peu de chose à dire de son fils, le duc Nicolas, qui lui succéda dans le gouvernement de Lyon, et ne lui survécut que de quatre années. Il parvint de bonne heure au grade de lieutenant-général, et aurait eu bien des chances d'être le troisième maréchal de France de sa famille si, après la défaite de Ramillies, son père ne l'eût contraint de s'associer à sa rancune contre le ministre Chamillart. Du reste, le duc de Villeroy fut toujours dominé, écrasé par l'impérieux maréchal. A partir de 1706, il ne quitta plus la cour, et s'y fit surtout remarquer, avouons-le, par sa liaison avec Madame de Caylus, liaison qui, à son origine, avait déjà valu une disgrâce de treize années à la séduisante nièce de Madame de Maintenon. Pendant la première éclipse que subit la faveur de son père, le duc de Villeroy s'estima fort heureux de lui succéder dans les fonctions de capitaine des gardes du corps. Au sacre de Louis XV, il commanda les troupes campées près de Reims, et y déploya le luxe traditionnel de sa famille. Pourtant, tout en conservant les allures d'un grand seigneur, le duc s'appliqua à réparer les brèches que la prodigalité du maréchal avait faites à sa fortune; il y réussit sans peine grâce aux énormes successions de Lesdiguières et de Gondy dont il avait eu sa part, de sorte que vers le milieu du siècle dernier la famille de Villeroy passait pour être une des plus riches du royaume en terres.

Ses enfants, privés dès 1711 de leur excellente mère, furent mariés d'une manière conforme à leur rang; l'aîné de ses fils, le marquis de Villeroy, à Mademoiselle de Montmorency-Luxembourg, le cadet, dit le marquis d'Halincourt, à Mademoiselle de Boufflers; leur sœur au duc de ce nom; une autre sœur au marquis d'Harcourt, resté veuf après quelques mois de mariage. Malheureusement, les germes de décadence se faisaient sentir de toutes parts au sein de cette société énervée par les plaisirs; l'abus des jouissances matérielles portait ses fruits. Richesses, honneurs, flatteries exorbitantes, tout affluait vers ces quelques familles dont les rejetons dégénérés nous apparaissent alors comme écrasés sous le poids des noms glorieux dont ils sont revêtus. La maison de Villeroy n'offrait que trop le spectacle de cette défaillance morale. L'archevêque François-Paul était indigne (1) d'occuper le siége éminent que son

(1) Voir aux archives municipales, dans la correspondance du XVIIIe siècle, 39-AA-49 une lettre du maréchal de Villeroy à M. Perrichon, son homme d'affaires (9 décembre 1715). Cette lettre fait honneur au maréchal. Il y a dans les mémoires dits de Maurepas des choses très-curieuses sur les Villeroy, mais c'est une source à laquelle je n'ai puisé qu'avec une extrême réserve.

grand-oncle Camille avait illustré. Le duc de Retz (c'était le nom du marquis de Villeroy depuis sa réception au parlement) avait eu du sort une triste compagne ; la jeune duchesse étonna bientôt ses contemporains par l'excès de ses scandales. En même temps qu'elle cherchait à entraîner sa belle-sœur, femme du marquis d'Halincourt, dans le plus odieux de tous les guet-apens, ce même d'Halincourt et le duc de Boufflers, son beau-frère, se faisaient momentanément exiler de Versailles à la suite d'une scène inqualifiable dont le récit soulève l'indignation autant que le dégoût. (1). Et cependant où trouver une cour plus tolérante à cet égard que celle du régent? Quant à la duchesse de Boufflers, remariée plus tard au maréchal de Luxembourg, elle aussi s'est acquis, sous son premier nom, une célébrité que ses grâces et son esprit ne sauraient faire oublier. Ainsi la déconsidération s'attachait chaque jour à ceux mêmes que leur position aurait dû rendre plus circonspects et plus jaloux d'en maintenir le prestige. Un tel ordre de choses était fatalement condamné à disparaître. Ce n'est pas, Messieurs, qu'il faille méconnaître les services importants que cette haute noblesse a rendus à la France, et qui sont inscrits d'une manière impérissable dans les fastes de notre histoire nationale. Les noms des La Trémouille, des Sully, des Turenne et de tant d'autres traverseront les siècles. Il n'appartiendra ni au temps d'en effacer le souvenir, ni à l'envie d'en rabaisser l'éclat. Mais nous devons constater en même temps qu'à cette époque de doute et d'affaissement, cette aristocratie oublia trop souvent ses devoirs, et, comme elle avait perdu le sentiment

(1) *Journal de Barbier*, première série, p. 227 et 228. *Journal de Marais*, Revue rétrospective, t. VIII, 2e série, p. 221, 222. *Correspondance de Madame, duchesse d'Orléans*, lettre du 6 août 1722.

de sa dignité, elle ne comprit pas le grand rôle qu'elle avait à jouer en offrant une main amie au parlement pour s'opposer d'un commun accord aux tendances absolutistes de la couronne et porter au pied du trône les vœux de la nation. Aussi, faute de contrepoids, l'édifice s'est écroulé, et la terre a été jonchée de ses ruines.

Je n'ai plus, Messieurs, qu'un coup d'œil à jeter sur les derniers membres de la maison de Villeroy. Le duc Nicolas était mort en 1734 ; il avait été précédé dans la tombe par son second fils d'Halincourt. Ce dernier ne laissait qu'un fils au berceau. Il n'y avait donc plus à cette époque que deux rejetons mâles de cette maison, le duc de Retz, devenu le quatrième duc de Villeroy et gouverneur de Lyon, et son neveu, héritier présomptif de tant de titres et de richesses. L'oncle renonça de bonne heure à la carrière des armes, et ne dépassa pas le grade de maréchal-de-camp. Il préféra jouir en paix des plaisirs de la cour et de la faveur de Louis XV dont il fut très-aimé. Il mourut en 1766. Il n'était plus alors que lieutenant-général de notre province; quelque temps avant sa mort, il s'était démis de son gouvernement de Lyon en faveur de son neveu auquel cette lieutenance appartenait depuis l'âge de trois ans. Cet échange, sanctionné par Louis XV, occasionna une pompeuse allocution du prévôt des marchands, Tholozan de Montfort, qui prit pour thème les vertus des Villeroy et des Boufflers, et le bonheur d'être administré depuis si longtemps par la même famille. L'influence de cette maison était encore très-grande; cependant elle n'avait plus ce caractère d'omnipotence qui avait été si loin sous les maréchaux de Villeroy.

Du reste, malgré leur position élevée, les deux derniers ducs de ce nom ont très-peu marqué. J'ai sous les yeux la liste de leurs services militaires qui ne sont pas sans quelque importance; le second d'entre eux fut même lieutenant-général des camps et armées du roi. Mais les mémoires du temps sont presque muets à leur égard, et je n'ai trouvé que de rares matériaux pour tracer leur caractère. Peut-être un jour serai-je plus heureux. En attendant, je ferai observer que, sauf en temps de guerre, ces gouverneurs de Lyon, à l'exemple de leurs pères, ne quittaient presque jamais Versailles, Paris ou leur château de Villeroy. C'est cependant ce qui était admis alors comme la chose la plus naturelle du monde. Ouvrez, Messieurs, les almanachs lyonnais du XVIIIe siècle, et vous n'y verrez pas le domicile légal de ces seigneurs indiqué autrement qu'en leurs hôtels, rue de Bourbon ou rue de Varennes au faubourg Saint-Germain (1). On se plaint beaucoup de nos jours de la centralisation ; il est vrai qu'elle est souvent excessive, mais que dirions-nous d'un administrateur entre les mains duquel se trouveraient concentrés les pouvoirs civils et militaires, et qui s'attachant à la personne du souverain, se contenterait d'avoir ici de simples dépositaires de son autorité ?

En 1775, le duc de Villeroy vendit à Claude Périer le château de Vizille (2) qui devait être le berceau de la fortune industrielle de cette famille aujourd'hui célèbre dans les annales de la finance et de la politique. Je ne comprends pas trop quel intérêt détermina le duc à se séparer de cette demeure princière, toute vivante encore des souvenirs du grand connétable. Du reste, ces considérations devaient avoir moins d'importance chez le duc de Villeroy qui, n'ayant pas d'enfants

(1) Le premier maréchal de Villeroy avait son hôtel rue Neuve-des-Petits-Champs, et son arrière-petit-fils d'Halincourt logeait rue Neuve-de-Luxembourg.

(2) Dès 1719, les Villeroy, héritiers des Lesdiguières, avaient vendu à la ville de Grenoble le jardin et l'Hôtel-de-Ville actuels. Voyez le contrat publié par MM. Pilot dans le *Bulletin de la Société de statistique*, nouvelle série, t. I, p. 342.

de son mariage avec Mademoiselle d'Aumont, pouvait déjà prévoir l'extinction de sa race. Cette dame, dont le nom se rencontre ici sous ma plume, est connue par ses tendances littéraires, son goût pour le théâtre, et par ce timide essai de composition dramatique (1) qui a fourni à Grimm le sujet d'une de ses lettres les plus piquantes, à Sophie Arnould l'occasion de décocher un de ses traits moqueurs. C'est à Madame la duchesse de Villeroy que le peintre Boucher a dédié quelques-unes de ces charmantes bergeries où une nature de convention sert de cadre aux jeux d'une languissante pastorale.

Cependant la tourmente révolutionnaire approchait. Le jour où elle éclata, duchés-pairies, gouvernements, priviléges, tout fut emporté dans un instant. Le duc de Villeroy, ci-devant capitaine des gardes du corps, comprit-il que son devoir était de défendre jusqu'à la dernière heure l'auguste dynastie qui avait comblé ses pères de ses bienfaits? On prétend (2) qu'il fut plus jaloux de conjurer par des sacrifices pécuniaires, par une attitude soumise et circonspecte, l'orage qui grondait sur sa propre tête. Vains efforts! Jeté dans les prisons de la Terreur, il eut pour escorte ses serviteurs éplorés qui ne l'abandonnèrent que sur le seuil de la geôle. C'était un homme bon et généreux, mais faible et au-dessous des circonstances affreuses qui accablèrent sa vieillesse. On le vit s'agenouiller devant un bonnet rouge, et refuser des cartes qui n'étaient pas républicaines. Cependant il reçut la mort, le 28 avril 1794, avec une tranquillité

(1) Il est juste de dire que la duchesse de Villeroy a des titres littéraires plus sérieux. Voyez la Biographie universelle, t. 49. Sur les relations de cette dame avec Mademoiselle Clairon, voyez les mémoires de Marmontel.

(2) Collection de mémoires relatifs à la Révolution française. *Mémoires sur les prisons*, t. I, p. 85, t. II, p. 288.

qui fut remarquée. Journée sanglante entre toutes! Écoutons le témoignage d'un de ses contemporains (1) : « 9 floréal, affaire des comtes d'Estaing, de La Tour du Pin et de leurs complices, le duc de Villeroy, un conseiller d'état, trois avocats, un chirurgien, un marchand de tabac, une religieuse, etc. Total trente-trois, dont sept femmes, tous exécutés le même jour! »

Moins de soixante-huit ans se sont écoulés depuis ce tragique dénoûment, et quarante-cinq seulement depuis que la veuve du dernier duc est descendue dans la tombe. Que reste-t-il de cette longue suite de grands seigneurs, d'hommes de guerre et de prélats? Un nom peu sympathique. Certes, nous mettrons hors de cause ce dernier des Villeroy, pâle figure, mais innocente victime de nos discordes. Qu'y a-t-il autour de lui? Le second maréchal de Villeroy, celui de tous les siens que le sort a mis le plus en évidence, nous montre les abus du favoritisme. Avec plus de mérite, son père était au fond de la même école, celle de l'adulation. L'archevêque Camille a laissé de bien meilleurs souvenirs, mais sa renommée ne dépasse pas les limites de notre histoire locale. Seul, le vieux secrétaire d'État, le serviteur de quatre rois de France, le ministre dévoué de Henri IV, a quelques titres à la reconnaissance de la postérité, quoique l'hommage dont sa mémoire doit être entourée, soit loin d'être à l'abri de toute contestation. Voilà, Messieurs, un jugement sévère peut-être, mais n'avons-nous pas le droit de redemander beaucoup à une famille envers qui la fortune s'était montrée si prodigue? Ainsi se trouve confirmée cette maxime d'un penseur moderne, qu'au bout de cent ans il n'y a de réelle aristocratie que pour ceux qui ont fait quelque chose de beau ou de grand.

(1) *Mémoires du comte de Vaublanc*, p. 238.

Enfin, pour terminer cette rapide esquisse, dirons-nous ce que devint cette terre si voisine de nous, à qui les Villeroy avaient attaché leur nom de Neufville? Là nous retrouvons encore l'effet des révolutions. L'archevêque Camille en avait légué la jouissance à son neveu le maréchal, et la propriété au fils de ce dernier, qui fut le troisième duc de Villeroy. En 1738, par suite d'arrangements de famille, le quatrième duc de ce nom céda Neufville à sa sœur, l'aimable duchesse de Boufflers, remariée plus tard au maréchal de Luxembourg et morte fort âgée, en 1787. Ce riche domaine passa à son unique petite-fille, la douce et sage Amélie de Boufflers, femme de ce brillant duc de Lauzun, plus connu sous le nom de Biron, et mort sur l'échafaud révolutionnaire, après une carrière agitée où il y a beaucoup à blâmer. Bientôt survinrent les plus douloureuses épreuves de notre cité. Quand Lyon fut transformé en Commune-Affranchie, Neufville aussi fut débaptisé, et reçut l'abominable nom de Marat-sur-Saône. Que devenait pendant ce temps la malheureuse Amélie de Boufflers? Aux approches du danger elle émigre d'abord; rentrée en France, elle est arrêtée, puis élargie, bientôt rejetée en prison, et enfin décapitée six mois après son mari. Une lugubre tradition plane sur la mémoire de cette femme infortunée: sa mort fut, dit-on, le résultat d'une erreur, et c'était un autre nom qui devait figurer sur les listes de proscription.

La duchesse de Biron ne laissait pas de postérité, et Neufville échut par héritage à une branche collatérale des Boufflers qui, en 1816, vendit le château dépouillé de son ancienne splendeur, ainsi que la plupart des domaines, à l'exception toutefois de celui de Bussiges. Le dernier rejeton de cette famille illustre est mort à Auteuil, il y a peu d'années, après avoir passé de l'opulence à la médiocrité. En 1858, vous avez pu, Messieurs, voir sur les murs de notre ville, des affiches annonçant la mise en vente de la terre de Bussiges, dépendant de la succession de M. le comte de Boufflers. C'était le dernier acte de cet établissement des Villeroy dans nos contrées. Aujourd'hui le parc est morcelé, la trace des grandes allées est à peine indiquée par quelques troncs séculaires échappés à la destruction; le pavillon des échos est méconnaissable, les objets d'art ont disparu, l'œuvre du temps est accomplie.

La main des hommes n'a pas épargné davantage les riches sépultures élevées à plusieurs des Villeroy dans le monastère lyonnais des Carmélites. L'église est démolie, il ne reste rien des mausolées qui en étaient le superbe ornement. Le cloître existe encore, mais envahi, déshonoré par de vulgaires industries, dont l'écho bruyant fait seul retentir ces voûtes consacrées jadis à la prière.

Je m'arrête, Messieurs, ma tâche est ici terminée. L'arbre dont j'ai essayé de vous décrire les rameaux vigoureux et touffus, vous l'avez vu bientôt détruit jusque dans ses racines jetées au vent. Certes, le spectacle de tant de ruines serait bien fait pour engendrer un sentiment de tristesse, si une idée consolante ne venait à notre secours. Cette idée, elle existe, Messieurs. Oui, les générations se pressent, les familles s'élèvent, s'éteignent ou retombent, les nationalités peuvent périr, la civilisation se déplacer d'un bout du monde à l'autre, mais à travers toutes ces transformations inhérentes à notre espèce, nous pouvons nous dire avec une religieuse conviction que si les passions humaines restent les mêmes, la société cependant progresse d'âge en âge, sous l'influence fécondante du christianisme. N'est-ce pas, Messieurs, la pensée la plus propre à soutenir le philosophe et à diriger les vues de l'historien?

Lyon, novembre 1861.

www.ingramcontent.com/pod-product-compliance
Lightning Source LLC
LaVergne TN
LVHW020304230826
846091LV00006B/2523
9782011760661